노아 방주

시와사람

노아 방주

2024년 9월 23일 인쇄
2024년 9월 25일 발행

지은이 | 노아 방주 동인
펴낸이 | 강 경 호
발행처 | 도서출판 시와사람
등 록 | 1994년 6월 10일 제 05-01-0155호
주 소 | 광주시 동구 양림로119번길 21-1(학동)
전 화 | (062)224-5319
E-mail | jcapoet@hanmail.net

ISBN 978-89-5665-739-4 03810

값 15,000원

·잘못된 책은 구입하신 서점에서 바꾸어 드립니다.
·값은 표지에 있습니다.

이 도서의 국립중앙도서관 출판예정도서목록(CIP)은
서지정보유통지원시스템 홈페이지(http://seoji.nl.go.kr)와
국가자료종합목록 구축시스템(http://kolis-net.nl.go.kr)에서
이용하실 수 있습니다.

© 노아 방주, 2024
이 책은 저작권에 의해 보호를 받는 저작물이므로
출판사와 저자의 허락 없이 무단 전재와 복제를 금합니다.

노아 방주

축하의 글

　이예성 님이 이끈 친목회 '노아 방주'에서 이정국 님의 후원으로 동인지를 발간하게 되어 기쁩니다.
　우리의 만남이 한 권의 책으로 결실을 맺게 되었습니다.
　문학은 우리가 가진 것 중에서 가장 아름답고 따스한 영혼의 입술입니다. 그 입술을 열어 세상을 향해 목소리를 낼 수 있어 행복합니다.
　이번 동인지 발간을 계기로 서로에게 다가가는 영혼의 목소리를 들을 수 있었습니다. 님들이 있어 이 모든 일을 해낼 수 있었습니다.

- 박덕은 시인

노아 방주 / 차례

축하글 _ 9
노아 방주 나들이 엿보기 _ 12

곽은희　가족 外 _ 16
나천주　성산마을의 아침 外 _ 28
박덕은　꽃샘추위 外 _ 40
박용섭　꽃으로 만나자 外 _ 56
손경화　아찔한 구속과 해방 外 _ 68
송경은　합창 外 _ 80
양승남　나 어릴 적 外 _ 94
이상재　나는 호밀밭의 파수꾼 外 _ 102
이예성　아시는가 外 _ 116
이정국　안개 속에는 外 _ 128
이정재　참된 삶의 길 外 _ 140
장해양　밝은 세상 外 _ 154
전재형　매미 外 _ 172
천미경　밑줄 긋기 外 _ 184
김용집　백세 시대, 경로당을 노치원으로 外 _ 196

노아 방주 나들이 엿보기

노아 방주 나들이 엿보기

곽은희

대구 출생
주)아프로플러스 이사

가족

곽은희

보기만 해도
포슬포슬
웃음이 납니다

생각만 해도
마음 상자가
풍성해집니다

따스함 위해
서로 부딪히며
향긋이 만들어집니다

언제나 그랬듯
꽃샘추위 때마다
눈물의 씨앗이 싹터
꽃이 핍니다

한없이 주어도
또 내어 주고픈
나의 열매 사랑의 꽃들이
한가득 주렁주렁 영글어 갑니다.

살아 있다는 소리

곽은희

오일장 시끌벅적 소리
열심히 살아내는 소리
희로애락 껴안은 소리
고귀함 느껴지는 소리.

사랑

곽은희

마음껏
소리쳐 부르는 것
흐드러지게
따스한 향기 품어내
미소 짓게 하는 것.

삶

곽은희

굴곡의 선을
아름답게 바라보면서
묵직한 균형을 잡아가는 것.

향수

곽은희

고향이 그리울 때마다
헌옷을 입어 봐요
집 떠나올 때 입었던 옷.

나천주

전남 담양 출생
종합 체육대학 졸업
역학사협회 회장
풍수지리 강사
《현대문예》시 부문 등단

성산마을의 아침

나천주

산 아래 성산마을 아침은
우리집 송아지가 데리고 온다
음매음매 하며

소꼬리 휘휘 저을 때
깊디깊은 어둠이 소걸음처럼 물러가고
새아침이 눈을 뜬다

홀쭉하던 마을은 햇살이
풀살 통통히 오른 송아지 배통처럼
점점 차오르기 시작하고

구김살 없는 하루는
마라톤 선수처럼
심호흡을 하고 또 한다

심호흡 소리에
성산마을이 들썩들썩거리고
물동이 이는 아낙네의 치맛바람이 가볍다.

여름날의 소나기

나천주

조용하던 오후에
사나운 바람이
느티나무 잎사귀를 흔들며
소낙비를 몰고 왔다

후두둑후두둑 떨어지는 빗소리에
놀란 강아지는 후다닥 숨어들고
자라 보고 놀란 사람처럼
슬리퍼를 거꾸로 신고

간장 항아리 뚜껑 덮으랴
옥상의 이불 걷으랴
비 맞은 장닭처럼 부산떨다
축 늘어진 사이

호들갑을 떨던 소나기는
얄미운 여우처럼
흙냄새만 남기고
뒤 볼 새 없이 사라진다.

목마름

나천주

그대는
정원에 활짝 핀
장미꽃인가요,

그대는
진한 향기 품는
로즈마리 꽃인가요,

그대는
벽장 속에 몰래 숨겨둔
벌꿀인가요,

그대는
서랍 속에 고이 감춰둔
옥구슬인가요,

그리움과 목마름이
가시지 않는 그대
나의 애간장을…

이름도 모르는데

나천주

연둣빛 넘실대는
버들개지 너머로
알록달록한 꽃들이 보인다

어쩌나
나는 아직까지 꽃 한 송이
제대로 심어보지 못했는데

언덕 저편에
내가 심지 않는 꽃들이
방실방실 피어 있구나

때마침
조심조심 불어온 바람이
꽃의 이름을 일일이 묻고 다닌다

아직까지 나는
너의 이름도 모르는데
너는 왜 향기를 주는 거니.

낙엽

나천주

한 시절 화려함을 접고
쓸쓸하게 떨어져 구르는
나의 모습이 추하게 보이시나요

당신도 나처럼 떨어질까 봐
당황스럽진 않으신가요
우울하지는 않으신가요

바스락바스락
나의 울음소리 들리시나요
내가 울더라도 당신은 울지 마세요

나는 알찬 밑거름이 되어
어느 봄날
여린 연둣빛 사랑으로 찾아갈게요

그리고 내 눈물은
이별이 아니라 봄 잎새들이 미리 보낸
사랑의 초대장이라는 것도 알아주세요.

박덕은

전북대학교 문학박사
전 전남대학교 교수
중앙일보 신춘문예 당선
전남일보(광주일보) 신춘문예 당선
새한일보 신춘문예 당선

꽃샘추위

박덕은

답답하다
분명 깨진 꽃밭은 있는데
범인을 알 수 없다

담장 위에는
담을 넘다 찢어진 어둠의 옷자락이
하얗게 비웃으며 너덜거리고 있다

잠귀 밝은 모종삽은
감기몸살로 끙끙 앓아누워
아무것도 못 들었다고 한다

감나무가 잠결에 비명 소리 들었다고 하자
마당이 신경질 부리며
잘못 들은 거라고 윽박지른다

여기저기 낭자한 핏자국 가득한데
발자국 하나 남아 있지 않다

꽃밭의 지문 들고
경찰서를 찾아간다

골목 CCTV에서
찬바람을 풀어놓은 속력이
거칠게 허공을 날뛰다가
담을 넘고 있다며 놀란 경찰

하얀 눈 모자를 쓴 그는
3월만 되면 봄의 코뼈를 부러뜨린다고 한다

매번 타이르고 야단쳐도
막무가내인 십대라고 한다.

봄의 재개발지구

박덕은

노후된 겨울로
절반쯤 허물어진 이월의 빈집들

세입자들이 무더기로 빠져나가고
눈보라 막아줄 지붕까지 망가지자
계약서 위로 살얼음이 깔린다

돌풍과 우박이 교차하는 틈으로
안부 없는 환청을 헤매다
뼈만 앙상한 대문은 검버섯이 가득하다

바스라질 듯 야윈 햇살 창고에
응달은 서슬 퍼런 불황을 부려 놓아
마을은 휑한데
어느 날 갑자기 떴다방이 뜬다

야반도주한 누이의 흉흉한 소문을 덮고
복부인들이 몰려든다
그 사이 남풍의 기압골은
서서히 북상하고 있다

중개업자는 한방을 노리는

뱀의 꿈같은 뒷골목보다는
나비의 날개가 자라는
큰길가를 권한다

떠날 곳이 마땅찮아
눌러산 매화 노총각은
입주권 받아 장가갈 생각에 설레고
딱지를 사고파는 바람까지 불어와
새날은 화르르 피어난다.

전통재래시장

박덕은

바닥의 힘으로 일어서며
길道을 내는 사람들이 있다

결국 도달해야 할 道는
받는 것보다 더 넘치게 주는 것

사시사철 북적대는 장터는
풋풋한 고향이자 순례길이다

새벽보다 먼저 일어나
생선 냄새 땀냄새 몇 겹으로 두르고
손때 묻은 어제를 흔들어 깨운다

졸음이 몰려오면
바다가 희미해지지 않도록
갈치 고등어에 얼음 끼얹어
모기향을 향불 삼아
다시 정진한다

등 꼿꼿이 세우는 기다림으로
道를 익히고 또 익히며

팍팍한 사연에 손끝 시린
아픔들 손잡아 주며
덤으로 이것 저것 챙겨 주면
봉지에 담긴 온기가
냉기 서린 하루를 일으켜 세운다.

사각기와무늬*

박덕은

정읍 용장사 절터에서
기와 조각이 출토되어
세상과 만난다

땅속에 묻힌 비바람 조금씩 털어내자
바라춤처럼 피기 시작한
사각무늬

기왓장 속으로 스민
울음소리 조심스레 떼어내니
벽 향해 앉아 있는
어깨가 울먹인다

일주문 밖에선
상엿소리 뎅뎅 낭자하고
눈보라가 휘몰아치고 있다

발끝 내디디는 하늘 향한 구리거울에
얼비치는 미소
오래 따르던 사랑이 연못에 출렁이고
소리 없이 지는 하얀 꽃의 얼굴

무너지는 숨 감싸 안고
허공 건너는 걸음
바라 소리에 속하지 못하고
휘청거린다

수천 번 아픔 퍼 올린
저 은유의 춤 문양
선문답인 듯 새겨져 있다.

＊사각기와무늬: 정읍 산내면 용장사 절터에서 출토된 기와 조각에
 새겨진 무늬

관심

박덕은

당신의 아침을
호수 위에 펼친다

별빛이 머물다 간 자리에
어제의 채도 껴입은 초록을
물그림자로 띄운다

따스한 꽃잎 한 장으로도
물의 심장은
둥근 지문으로 쿵쿵 뛰는데

밤낮없이 비를 긋는
당신은 바깥쪽이 젖고
나의 마음은 늘 안쪽이 젖는다

파문 이는 동그라미의 안과 밖
그 사이 어디쯤에
새소리 푸르게 출렁이는데

몸을 꺾는 겨울 속으로
서둘러 가는 당신의 뒷모습,
물이랑의 간격은 좁아져 날카롭다

이제
한 번 더 격랑을 가로질러
고요에 다다라야 한다

오늘도 호수는
당신의 깊은 묵상으로
평온에 가 닿는다.

박용섭

전)정통부해외파견교수연수단 단장
전)CANADA몬트리올 교민회장
현)광주역술인협회학술위원장
현)희망사다리 전 교수협의회 공동대표

꽃으로 만나자

박용섭

겨울나무는 봄 만나야
푸르러지듯
사람은 꽃 보아야
웃음꽃 핀다

새 한 마리 울어
청산이 울리고
꽃송이 하나로
새봄 시작되듯

댐은 수문 열어야
물이 흐르고
사람은 마음 열어야
정이 흐른다

나뭇잎 떨어지기 시작하면
마음만 시려오니
그때까지 기다리지 말고
우리 지금 꽃으로 만나자.

그대여

박용섭

깊어 가는 가을
높은 하늘은 비어 있고
바람은 냉기 품고 오는데
그대여 어찌 지내시는가

솔숲에 부는 바람처럼
아침 햇살에 노래하는 산새처럼
풋풋했던 그대의 목소리
가지 끝에 잎새처럼 남아 있는데

그대가 놓고 간 가을은
왜 이리도 쓸쓸한지
엄나무 잎새보다 더 붉던
그대가 보고 싶네

가을은 더 깊어 가고
나는 더 익어 가는데
그대여 서정에 가슴 베이지 않을
지혜나 좀 알려 주시게나.

이름 없는 꽃

박용섭

그대는 작가인가요
그대는 시인인가요
나 좀 쳐다봐 주세요

나도 글 속에 주인공이 되고 싶어요
그대의 시 속에 등장인물이 되고 싶어요
가까이 봐 주세요

내 모습은 어떠한가요
내 향기는 어떠한가요
예쁘게 시 한 편 지어 주세요.

나비

박용섭

그대가 내게로 날아와
살포시 앉은 순간
봄눈처럼 하르르 녹아내렸고
나는 비로소 꽃이 되었다

꽃이어도 꽃이 되지 못했던 날들
바람 같은 목마름이었지만
그대의 날갯짓 하나로
봄비에 약동하는 들꽃처럼 생동했다

그 이후로도
삶은 무의미했지만
그대가 내게로 날아온 순간
소중한 추억이 되었다

봄 지나
내가 사위어진다 해도
가슴에선
그대가 하늘하늘
날아다니고 있을 게다.

억새꽃

박용섭

문어발처럼
뻗어 내린 산맥 따라
억새꽃이 하얗게

우리 엄마처럼
흰머리 흩날리며
하염없이 손 흔들고 있다

행여나 휘어진 허리
바람에 부러질세라
노심초사

오늘은
저 억새꽃처럼
나도 하얀 밤 지샐 듯.

손경화

대인 꽃란농원 대표
시니어모델

아찔한 구속과 해방

손경화

어제 산 신발이 편하다
반짝 반짝
이쪽 저쪽 방향 가리키며
발 건강하게 해다오, 신발아.

이상하다

손경화

아름다운 꽃과 향에 묻혀 살아간다
봄 여름 가을 겨울 보고 또 보고
질릴 만도 한디 뉘날 만도 한디.

왜?

손경화

멍하니 벽에 기대어
달콤한 새벽잠에 취한다
벌떡 일어나지질 않는다
인생 안에서의 잠 끝이 없다.

모델의 몸

손경화

바른 자세 기본은 벽 서기
익숙치 않은 자세
반듯이 벽돌로 찍듯
반복 연습에
아름답게 조각처럼 다듬어진다.

어떤 포로

손경화

처음 맛본 솜사탕
잠시 코 박고
구름과자에 휘감기듯
달콤한 맛에
헤어나질 못한다.

송경은

전라북도 전주 출생
《서울문학》 시 등단
《현대문학》 수필 등단
현) 헤세드 합창단장
현) 시낭송가

합창

송경은

수없이 반복되는 연습 속에서
간간이 기회 포착하여 떠는 수다 속에
킥킥대는 웃음과 함께 새콤한 정이 쌓이면

소프라노, 엘토, 테너, 베이스
한 번이라도 더 듣기 위한 지휘자의 칭찬 향해
목소리 다듬어 곱게 부른다

다리는 어깨 넓이로 허리는 꼿꼿이
아랫배에는 힘 꽉 준 채
눈 크게 뜨고 입은 동글고
크게 자신감 있는 표정으로
거기다 미소까지

숫자에 상관없이 같은 자세와 표정으로 마음과 정성들이
지휘봉 끝에 모여
세상에서 가장 아름다운 하모니 위한 연습의 장 편다

누굴 위한 노력인가
무얼 위한 하나인가

찬란한 조명 속에서

드레스와 턱시도의 멋진 모습으로 무대를 수놓는 건
아름다운 박수 소리 위하여
어릴 적 가두어 두었던 한 조각의 꿈 위한 설렘의 투쟁인가

그것은
한 알의 밀알이 썩는 죽음이요
한 송이 꽃을 피우기 위한 산고의 리듬,
향기로운 관 향한 애달픈 율동의 울부짖음.

고속도로

송경은

머언 곳으로 향한 그리움 속
허연 너의 속살이 드러나면
벗겨지는 실체는
석양길 그림자처럼 길기도 하다

형형색색 걸맞게 차려입고
너를 향해 오는 숨가쁜 민초들
온몸으로 받아 주는 너는
고귀한 소식의 전도사

한 많은 검단산이 가로막아도
두려움 없이 쭉 뻗은 너의 두 다리
빈부도 지위도 연륜의 차별도 없는
평행선의 시작

여름날 땡볕에 달궈진 얼굴을
새벽녘 달빛 아래서 한 모금 이슬로 목 축이고
동지섣달에도 한마디 거역하지 않는 심성

강하면서 부드럽게
산 넘고 물 건너
너의 생각 위에서 만남과 이별을 갈무리한다

위대한 정열이여 도도한 인고여
더욱 더 뻗어나라
삼천리 금수강산 어느 곳에나.

탄생

송경은

설렘의 시작이던가
태고의 신비 속에서 하나의 점 되어
나의 사랑은 자라고 있었다

쿨렁 쿨렁
너의 심장이 뛰놀 때
가슴 벅찬 환희에
심장은 마비되었고
너를 향한 나의 사랑은
보고픔에 눈물이 난다

늘 함께하면서도
보고 싶고 만지고 싶은
그리움 가득 쌓일 때면
잡아놓은 시간 빗겨 가고 싶었다

너로 인해 세상이 아름다웠고
너로 인해 살아 있음에 감사하며
너를 향한 그리움에
살며시 눈 감아 본다

사나운 광풍 몰아치고

검푸른 파도가 밀려왔다 가듯
때론 무섭게 때론 잔잔하게
나를 향해 오는 너를 맞으며
여주의 붉디붉은 속살 터져 나오듯

너는 나에게
나는 너에게
우리는 하나에서 둘이 되었다
긴긴 기다림의 끝에.

갈대에게

송경은

너는 아느냐
바람의 속삭임을
온몸 휘감는
차디찬 바람의 울부짖음을
너는 듣느냐

창조로부터 수천 년

흐르는 강물에 세월 맡긴 채
이리 저리 내맡긴 너의 운명은
끈질긴 생명력으로 잘도 버텨왔구나

부러트려 버려도 불태워 없애 버려도
한줌도 안 되는 너의 존재를
누가 기억하랴마는
너는 기억하라
바람의 속삭임을

고귀한 너의 생명 있음에 감사하라
천년을 하루같이
묵묵히 인내로 기다려 줌을 감사하라

연약함으로 흔들릴 수밖에 없는
숙명일지라도
고개 들어 하늘을 사모하라
바라보라 손짓하라 흔들려 답하라

오직 그날만을 위해
너의 온 맘과 온몸으로 부르짖으라
영광의 그날이 속히 임하도록!

홍시

송경은

깊어진 쪽빛 하늘
높다란 가지 끝에
홍보석 주렁주렁

고운 꿈 펼친다
님의 붉은 입술에
입맞춤한 걸까

섬김과 나눔으로
버텨온 제 몸일랑
처음 본 새 손님께
내주는 그 맘

하늘을 사모하기에
다 내주는
저 무소유.

양승남

광주남문장례식장 회장
광주 남구 송암동 자치회의 회장
vip라이온 회장
푸른길공원 자율방범대 대장
전)광주볼링협회 회장

나 어릴 적

양승남

나 엄마 젖꼭지를 물고 쳐다보는
하늘은 푸르고 푸르렀다

아장아장 걸었을 때 땅은 넓고 넓었다
나 어릴 때 마신 물은 더없이 시원했고
눈은 그리도 맑고 생각은 순했다

나 어릴 때
부른 노래는 산울림의 한 가락이었다
나 어릴 때 본 그 고운 소녀 얼굴 찾아
먼 우주로 해 뜨고 달 뜨면 나서리라

나 어릴 때 티 없는
아이들이 놀고 있을 때 천지는 밝았다.

꿈

양승남

한 아름 안고 돌아오려고
아침에 집을 나서는 사람들

충장로 금남로에서 기웃
지산동에 기웃
더 멀리 가지 못하고
아시아 예술의 전당을 지나

고향도 버리고 술도 버리고
이제는 무엇 더 버릴 것
없는가 생각해 보니
더 비울 것은 많은 남자의 가슴

희망 찾아 온종일 흘러다니다
아무것도 얻지 못한 채
첫사랑 아내가
꿈처럼 기다리는 집으로
비틀거리며 돌아오는 사람들.

숲 그리고 시인

양승남

저리도 소슬한 숲이라면
차라리 바램으로
사람과 소통하는 길을 내고
걸어 걸어서 사람에게로 가보자

눈물이 핑핑 도는
가난한 시인이 사는 산동네
거기도 잠깐 올라가 보라

시인이 부르는 사랑가
애간장 녹는 울음소리 듣다가
시인의 꿈결에 일어나는 빠알간
성감도 만져주고

돌아서 다시 고독을 사는 거다
쓸쓸한 바람 속에 서 있을 일이다.

이상재

전북대 객원교수
부산 장안고 총동창회장
사)대한황실문화재단 부총재
호남시조시인협회 수석부회장
호남시조시인협회 문학상 수상

나는 호밀밭의 파수꾼

이상재

절벽의 나락으로 떨어지는 당신의 손을
잡고 싶습니다
마치 호밀밭의 파수꾼처럼요
젊었을 때의 방황은 누구나 있을 법한데
그때는 무엇이 순수인지도 몰랐습니다
단지 저는 꿈을 꾸고 있었지요

고향의 겨울 들판엔 찬바람이 매섭게 불어댔지만
언제나 마음은 미래를 향해 달렸지요
먼 미래의 어느 날 그 누군가에게
꽃 한 송이 바칠 수
있다고 생각했습니다
꽃을 바쳐야 할 대상이 진정 누구인지도
모르고 말입니다

세상에는 이런 저런 사람들이 많습니다
때론 위선적인 사람이 나일지라도
나는 사랑할 수밖에 없습니다
비록 그 위선이 마음을 아프게 해도
진실을 향해 문을 열기를
바라기 때문이지요.

내 영혼의 소리

이상재

슬프면 슬퍼질 듯
기쁘면 기뻐질 듯
행복은 조건에 따라 달리 보이는
신기루인가

잡으려 할 때마다 저만치 달아나는
그 놈은 가을철 메뚜기 같지만
그래도 내 영혼의 소리에 귀기울여 보자

괴롭고 외로운 감정도
부끄럽고 미운 감정도
짜증나고 죄책감 드는 감정도
강인하고 열정적이고
신나고 활기찬 마음만큼 소중하다

다가오는 마음들 모두
나에게 주어진 소중한 인연인 것
소소한 일상에서 일어나는 것들
사랑하면 먼 훗날 그리워지겠지.

문경새재

이상재

흙길을 걸어가다 소나무 바라보고
바람의 신록으로 풍겨 온 정취 속에
문경새재여 넘어 보니 아리랑 인생길

임이 걸으시고 쉬어간 옛길이여
꿈길에 머물면서 지긋이 바라보니
하늘도 울고 갔던 사랑의 길이었네.

문암바위

이상재

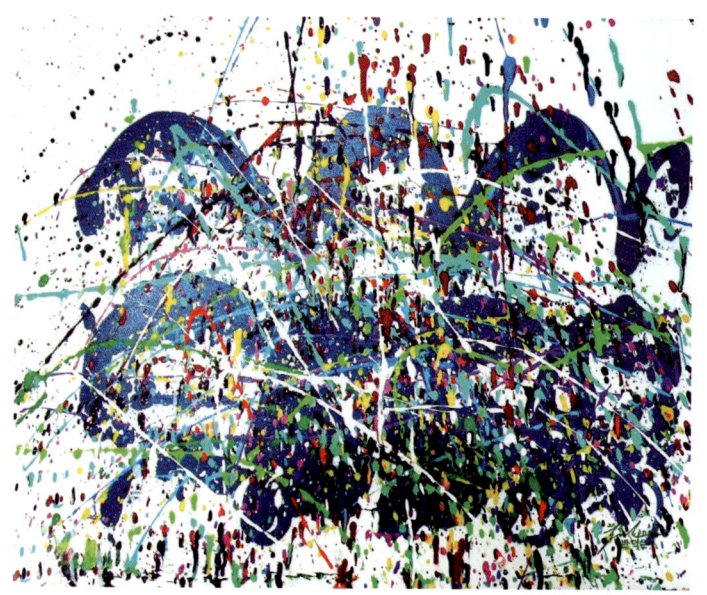

장자못 큰 못가에 솟은 듯 높은 바위
그 울음소리 품고 나 홀로 울었으니
생명의 탄생 소리여 어드멘가

옥설의 맑은 용모 사물의 이치인 듯
스스로 깨달음은 문(文)의 성 세웠으니
암각에 새긴 마음은 천하를 노래하리.

성탄과 3.1절

이상재

유구한 역사로 이어 온 겨레
수많은 외침 속에서도 굴하지 않던
그 정신

유관순 누나의 외침 소리는
천지를 뒤흔들었으니
이 땅에 주님을 맞이하기 위한
우주의 목소리였습니다

파고다 공원을 울렸던
만세 소리
그것은 이 땅이
하나님의 조국으로 거듭나기 위한
천지의 진동이었습니다

하늘을 향한 외침 소리
그것은
이 땅에 참세상을 열리라는
울음이었으니

3월의 푸른 하늘은
백성의 고달픔을 딛고

긴긴 역사의 흐름을 따라
오늘에 왔습니다

참부모를 맞이하기 위해
역사는 이제 침묵을 깨며
기나긴 고통의 세월을 딛고
큰 걸음을 하였으니

아, 이 조국을 사랑하소서
하나님이 보호하사
영원한 참사랑이 머무는
대한민국

이 하나님의 조국을
나는 사랑합니다.

이예성

전)CNN방송 공동대표
전)호남매일신문사 편집논설위원
현)국민방송 PD
주)디콘 광주지사장
현대문예작가회 회장

아시는가

이예성

봄엔 꽃이 있고
하늘엔 노을이 있어
아름답듯

사람은
고운 성품과 인품이 있어
향그럽다.

마음꽃

이예성

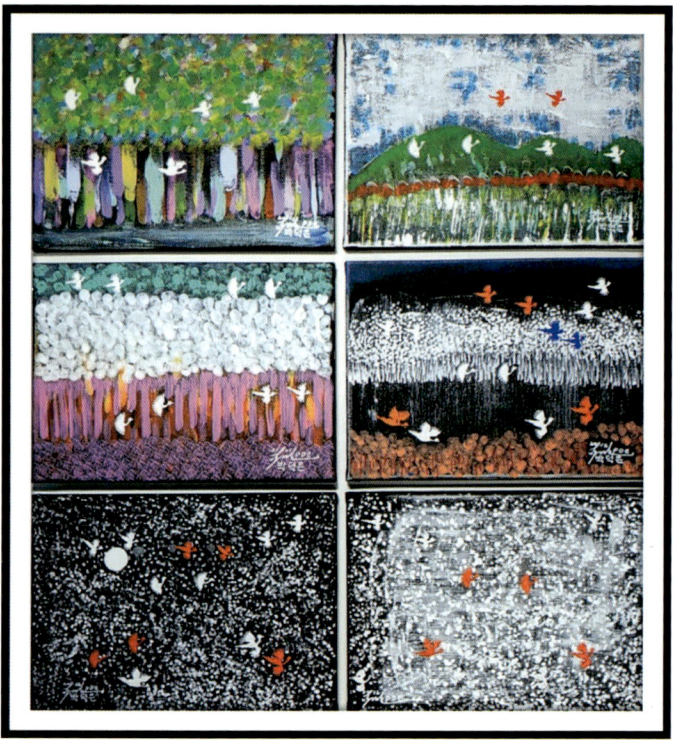

덕행이 자라
겸손꽃 피고

웃음이 자라
평화꽃 피고

사계절 내내
마음꽃 핀다.

신비

이예성

계절의 전령사
날개 한 번 홰치면

하늘 위엔 뭉게구름
땅 아랜 잔디 물결

봄의 소리에 놀라
덩실덩실 춤춘다.

수선화

이예성

풋풋한
갈색 알 덩어리 속에
새 생명의 외침

그 고운 자태
노랑 저고리 초록 치마
예쁘게 갈아입고

봄의 전령사 되어
나에게 임 마중 하니
너무나 어여쁘다.

이 나이 먹고서야

이예성

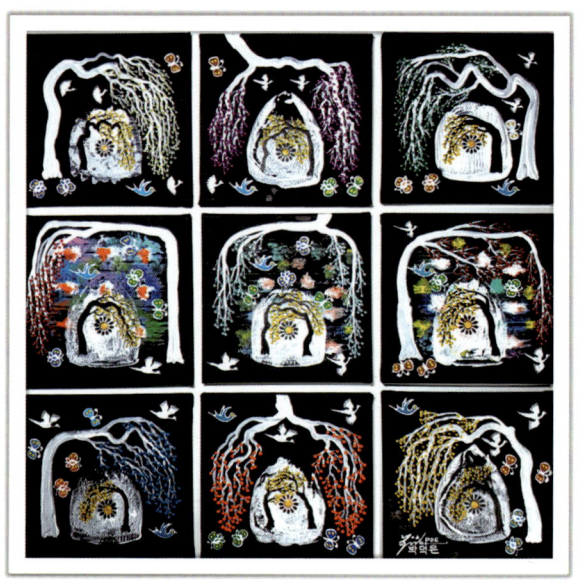

얼마 전 식탁에는
예쁜 꽃병 놓이더니
지금 나의 식탁 위에는
약병들이 줄 서 있다

왜 몰랐던가
꽃피는 봄이었나 생각하면
아유 덥다 외치는 날 되고
그냥 단풍이 유혹하기도 하고

머잖아 폭풍한설 닥쳐 와
옷깃 여밀 때
서서히 종착역으로 걸어갈 테지

그래
위선자 되지 말고
힘들어도 정도로 살아가자

평화로운 마음으로
행복하게 봉사하며
축복 속에 거듭나자
어차피 빈손 들고 온 것을.

이정국

부산대학교 전자공학과 졸업
전) 새한전자 대표이사
전) 보이스비젼(미국합자회사) 대표이사
현) 주식회사 아프로플러스 회장 및 대표이사
현) 사단법인 숲사랑총연합회 부산총재

안개 속에는

이정국

눈뜨는 새벽은
온 천지가 밥솥 같아
하루가 열리니
하늘과 땅이 하나다

너에게
눈인사하니
산등성이 곱게 내린다

묻어두고 그리는 게
사랑이라 했던가
그리움이 안개밭으로
휘휘 휘감기는데

그 마음
언제 주었나
가깝고 먼 거기.

거울 앞에서

이정국

내가 거울을 본다
거울이 나를 본다
쌍둥이의 웃음은
그저 쓸쓸하기만 하다

이제
너와 나 하나인데
너는 내가 아니고
나는 네가 아니다

허망한 욕심이
내가 아닌 또 다른 나를
키워내고 있다

어둠과 타협하고
끊임없이 서성이며
후회의 굴레로 밀어 던지는
거울 앞에서.

기도

이정국

기도로 시작한다
누굴 위한 기도일까

기도가 일상인 양
생각을 위하여
그때마다 기도한다

매일 기도를 한다
해운대 바다 넘실거린
물결의 삶처럼

매일 기도를 한다
그러므로
낙조가 찬란하다.

길

이정국

나는 항상
내가 가고 싶은 길을 간다
길을 가고 싶지 않을 때도
나는 그 길을 걸어간다

비록 그 길이
나에게 힘들고 외롭고
고통스러운 길인 걸 알면서도
항상 밝은 마음으로
그 길을 걸어간다

선택한 길일지라도
등 떠밀려 가는 길일지라도
좋든 아니든
수많은 의문점을 안고 가면서도
항상 환한 웃음으로
그 길을 걸어가고 있다

가고 싶은 길을 간다
길을 걸어가면서도
이 길이 아니면
저 길은 어떠한 길일까
생각하면서 그냥 걸어간다

끝이 없는 그 길을
마냥 걸어간다.

어느새

이정국

거울 앞에 비춰본 얼굴
주름이 한 줄 한 줄 깊어만 간다

마음만은 아직도 푸르른 청춘인데
늦가을 단풍 든 인생의 자화상

평생 젊을 줄로만 생각했는데
이토록 황혼빛에 노랗게 익어 있다

어제 같은 푸르른 계절은
저 멀리 시간을 삼키고 있다.

이정재

광주교육대학교 2대 총장
한국대학총장협의회 부회장
광주시민단체총연합 대표회장
광주3.15의거기념사업회 대표회장
21C국정자문위원회 교육분과 부위원장(김대중 정부)

참된 삶의 길

이정재

언제 어디서 만나도 다정다감한
정겨운 옛친구들 어디에 있는가

나라 안팎으로 어지러운 세상 경제적으로
어려움이 많았던 그때 그 시절

비단같은 아름다운 산과 들 나루뫼(羅山)
산 바라보면 어머니 모습 닮은 옥녀봉
마을 어귀에 서면 반갑게 맞아주는 큰바위 하나
연못가에 심어놓은 아름드리 느티나무가 무성하고
길손들 쉬었다 가는 인정 저편에 방고개길
어서 오라고 재촉한다

어머니 품에 안겨 포근히 자라던 내 고향
안동네 그 속이 차마 잊힐리야
어머니 아버지 형제 보고픈 얼굴
정답게 뛰놀던 친구들
사라진 기억들
아쉬움이 눈 감으면
아련히 되살아난다

어려운 여건에 가시덤불의 연속인 교육의 길
세류풍진에 휘말리지 않고 사랑과 열성과 헌신과 봉사로
당당히 걸어온 옛 동지들 보고 싶다.

새 생명 영혼

이정재

네 영혼이 잘됨 같이
범사가 잘되길 기원 드린다

목마른 사슴이 시냇가 찾듯
지친 영혼이 당신 찾을 때
영생의 생수를 부어주소서

아름다운 꽃들도 메마르고
초롱초롱했던 잎사귀들도 시들고
인생살이도 황량히 지쳐 있을 때

영생수 부어 주시어
시들지도 않고 지지도 않는
생명의 나무 심게 하소서

세상의 바람 막으며
주린 영혼 가득
생명의 양식 채우련다

당신이 지어준
저 높은 곳 바라며
지친 몸과 지친 마음
치장하지 않고
말씀을 묵상하련다

지나온 걸음 걸음
무거운 빛 벗어 버리고
새 생명의 영혼 찾으련다.

마음으로 베풀면서

이정재

사람을 대할 때 얼굴에 환한 화색 띠고
맑고 편안한 얼굴로 대하자

상대방을 기분 좋게 하는
德을 베풀자

말 한마디도 다정다감하게
사랑의 말,
칭찬의 말,
친절한 말,
부드러운 말,
위로의 말,
격려의 말 건네어
상대방에게 힘을 실어주자

착하고 순수한 마음으로
뭇사람들 대면하면
만물의 영장인 人間은
그 마음을 알고
위로와 기쁨을 얻는다

사람을 대할 때 편안한 눈으로 바라보면
상대방의 장점 볼 수 있고
따스한 눈은 말하지 않아도
가장 호소력 가질 수 있는 베풂이다

상대방를 관찰하여 배려하는 마음
감동은 작은 관심과 배려에서 온다.

세상에서 어진 사람

이정재

지장, 용장, 덕장
지장은 지혜로운 장수
용장은 용감한 장수
덕장은 덕 있는 장수

지장은
머리는 좋지만
용기와 포용력이 부족하고
용장 역시
용기는 있으나
지략과 관용이 떨어지고

덕장은
머리나 용기가 부족할 수 있어도
지장과 용장을 껴안을 수 있는 리더

덕인은 외롭지 않다
반드시 이웃이 있다

덕(德)은
어진 마음이 곧은 마음이다
덕인은 마음의 여유가 있다

어떠한 고난과 어려움 찾아내며
때를 기다릴 줄 안다

덕망 있는 사람은
있는 것 그 자체가
복을 불러온다
덕을 베푸는 과정에
고독이 따른다

또한 덕은
고독의 단계 거치면
더욱더 견고해진다

덕은
자기가 가진 걸 나누어 주는 것이다.

스승의 날

이정재

아름답게 피어오르는 철쭉꽃과 풀꽃들
연하고 부드러운 봄의 이파리들
이들은 봄의 대지에 타오르는 불길
하늘에 환희 넘치고
땅에 푸른 정기 솟구치는 오월

생동하는 신록 바라보면서
삶 가운데
가장 아름다운 청소년의 시절
저 신록에 비교가 된다

약동하는 패기와 풋풋한 정열
순수한 의지와 거침 없는 도전
우리 청소년들
저 대지의 푸른 불길처럼 타오른다

이 젊음의 아름다움도
기꺼이 자신을 희생하여
자양분이 되고자 한 어버이의 사랑
기꺼이 빗줄기로 내리고자 한
스승의 가르침이 없었던들
그 어떠한 신체적, 정신적 발육도
이룩하지 못했을 것이다

무색의 빗줄기가
대지를 푸르게 바꾸어놓듯
二世 교육의 굳은 뜻으로
올곧게 걸어가는 이 땅의 스승들에게

진심으로 경의를 표한다.

자식이 자기보다 낫다는 소리 들으면
흡족해 하는 게 부모의 마음이듯
남초에서 푸른 물감 짜내었지만
그 색채가 원래의 남초 빛깔보다 푸르다

청출어람 청어람 정신으로
이 땅의 스승들은 제자 양성에 힘써 왔다
그 은덕으로 국가 번영 이룬 것도
교육의 힘이다

근래에 들어서서
스승과 제자가 돈독한 정으로 맺어졌던
과거의 미풍이 사라져 가니
마음이 참 허전하다

오늘도
진리 탐구하며 정의롭게 행동하며
자랑스런 스승의 길 간다는
꼿꼿한 자존심 가지고
걸어가는 스승을 공경한다.

장해양

부산 출생
서울벤처대학원대학교 졸업
경영학 박사
국제교육경영연구원 원장
(재)국민안전교육연구원 경기 원장

밝은 세상

장해양

햇살 가득한 아침 새들이 노래하고
푸른 하늘 아래 꽃들이 활짝 피네
아이들 웃음소리 희망이 가득하고
사람들의 미소 따스함이 넘쳐나네

모든 이가 손잡고 함께 나아가는 길
사랑과 평화 가득한 이 세상
어둠 사라지고 빛 가득한 곳
밝은 세상 우리 꿈이 이루어지네.

생선구이 향기

장해양

황금빛으로 구워진 생선
고소한 향기 코끝 간지럽힌다
불꽃 위에서 춤추는 기름방울
입안 가득 퍼지는 바다의 맛

한입 베어 물면 촉촉한 살결
바다의 신선함 그대로 입으로 들어온다

함께 나누는 식탁 위의 행복
생선구이의 향기
마음을 따스하게 한다.

여름의 식탁

장해양

여름 오면
식탁은 자연의 풍요로움으로
가득 찬다

뜨거운 태양 아래서 자란
이 신선한 채소와 과일들
식탁 위에 오를 때
그 색감과 향기는
마치 예술 작품과도 같다

빨간 토마토, 초록색 오이,
노란 옥수수, 그리고 달콤한 수박까지
여름의 식탁은 그 자체로 축제다

여름철에는 시원한 냉면 한 그릇, 상큼한 샐러드
그리고 바삭하게 구운 생선구이
더운 날씨에 지친 몸과 맘 달래준다

특히,
얼음이 동동 떠 있는
시원한 수박 주스 한 잔은
여름의 더위를 잊게 해주는
최고의 음료

가족과 친구들이 모여 함께
식사를 나누는 시간은
여름의 또 다른 즐거움

야외 테라스나 정원에서
바비큐 파티 열고
웃음과 대화가 끊이지 않는 식탁
여름의 추억 더욱 특별하게 만든다

아이들은 뛰어놀고
어른들은 시원한 음료 마시며
담소를 나누는 그 순간,
여름의 식탁은
단순한 식사 공간을 넘어
사랑과 행복 가득한 장소가 된다

여름의 식탁은
자연의 선물과
사람들의 따뜻한 마음이
어우러진 공간

그곳에서 우리는
계절의 변화를 느끼고
소중한 사람들과의 시간을 나누며
여름의 아름다움을 만끽한다

여름의 식탁은
단순한 음식 이상의 의미를 지니며
우리 삶을 더욱 풍요롭게 해준다.

한여름 밤의 무등산

장해양

한여름 밤, 무등산은
마치 신비로운 동화 속 세계처럼 다가온다

낮 동안의 뜨거운 열기가
서서히 식어가고
산속에는 시원한 바람이 불어온다
무등산의 숲은 어둠 속에서도
그 고요와 아름다움 잃지 않는다

밤하늘에는
수많은 별들이 반짝이고
달빛이 은은하게 산길 비춘다

무등산의 정상에 오르면
도시의 불빛들이
멀리서 반짝이는 모습을 볼 수 있다
그 빛들은 마치 별들이
지상에 내려온 것처럼 아름답게 빛난다

한여름 밤의 무등산은
그 자체로 하나의 거대한 별빛 정원

산길 따라 걷다 보면
풀벌레들의 노랫소리가 들려온다
그 소리는 마치 자연이 들려주는 자장가처럼
마음을 편안하게 해준다

무등산의 숲은
밤에도 생명으로 가득 차 있다
나무 사이로 스치는 바람 소리
그리고 멀리서 들려오는 작은 동물들의 움직임은
한여름 밤의 무등산을 더욱 신비롭게 만든다

무등산 정상에 도착하면
시원한 바람이 얼굴을 스치고
그 순간 모든 피로가 사라지는 듯한 기분이 든다

한여름 밤의 무등산은 그 자체로 힐링의 공간이다
자연과 하나 되어, 그 고요함 속에서
마음의 평화 찾을 수 있다

한여름 밤의 무등산은
일상에서 벗어나
자연의 아름다움과 신비로움을 만끽할 수 있는
특별한 장소

그곳에서 우리는
자연의 위대함을 느끼고
스스로를 돌아보며 새로운 에너지를 얻는다

한여름 밤의 무등산은
우리의 마음을 치유하고
새로운 희망을 심어주는 곳.

즐거운 여름휴가

장해양

여름이 오면
많은 사람들은
일상에서 벗어나 휴가를 떠난다
뜨거운 태양 아래
시원한 바다와 푸른 산이
우리를 기다리고 있다

여름휴가는 그 자체로
자유와 해방감을 선사한다

해변가로 떠나는 여름휴가는
특히나 매력적이다
모래사장에서의 일광욕,
파도 속에서의 수영,
그리고 해변가에서의 바비큐 파티
여름휴가의 대표적인 즐거움이다

아이들은 모래성을 쌓고
어른들은 시원한 음료 마시며 여유로운 시간을 보낸다
해변가에서의 하루는
마치 시간이 멈춘 듯한 기분을 준다

산으로 떠나는 여름휴가도
빼놓을 수 없다
푸른 숲속에서의 산책
맑은 계곡에서의 물놀이
그리고 산 정상에서의 멋진 풍경
여름휴가의 또 다른 즐거움이다

산속의 신선한 공기와 자연의 소리는
우리 마음을 편안하게 해준다
산에서의 여름휴가는
몸과 마음을 재충전할 수 있는 최고의 시간

여름휴가의 또 다른 즐거움은
새로운 곳을 탐험하는 것이다
낯선 도시나 마을을 방문하여
그곳의 문화를 체험하고
맛있는 음식을 즐기며
새로운 사람들을 만나는 것은
여름휴가를 더욱 특별하게 만든다

여행 통해 우리는 새로운 시각을 얻고
일상에서 벗어나 새로운 경험을 쌓을 수 있다

여름휴가는
단순한 휴식 이상의 의미를 지닌다
그곳에서 우리는 소중한 사람들과 함께 시간을 보내며
추억을 쌓고 삶의 소중함을 다시금 느낀다

여름휴가는
우리의 삶을 더욱 풍요롭게 해주며
새로운 에너지를 얻을 수 있는 소중한 시간이다.

전재형

전) 한화생명 정보전략실 호남본부 팀장
전) 케이원정보통신 충청호남사업 본부장 임원
전) 호남매일신문 편집논설위원
전) 국제로타리 3710지구 광주서부로타리 총무
전) (사)평화아카데미 사무처장

매미

전재형

하늘도 숲도
짙푸른 색이다

소리는 내지 않지만
그 숨소리는 거칠고
뜨겁다

간절함은 그들도
마찬가지다

곧 찬바람이 불면
그들은 생을 마감한다

끝을 알기에 더
절실하게 살아내는 것일까.

아지랑이

전재형

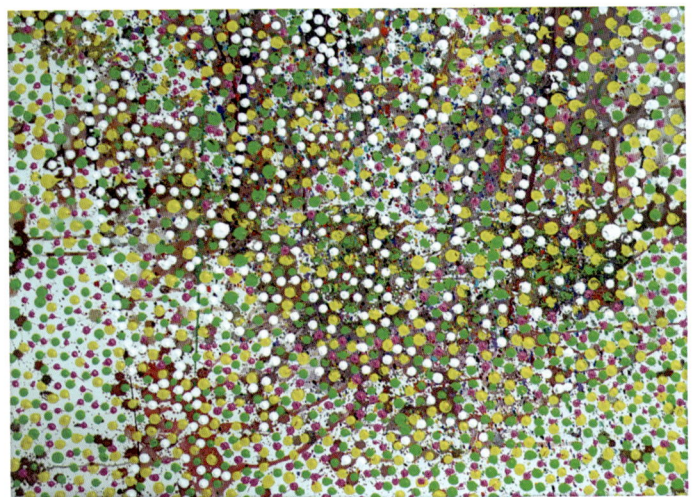

대지가 끓는다
내 마음도 끓는다

모락모락 일어나는
신작로 아지랑이

새벽이면 영롱한 이슬을
저녁이면 뿌연 안개를

한낮 갈증앓이 풀잎에
살며시 내려앉아
지친 이를 위로한다.

노을

전재형

하늘에 물감이 떨어졌다
째깍째깍 황홀하다

곧 사라질 것이 뻔하기에
애가 타서 눈을 떼지 못한다

누군가의
등 뒤에 숨어

바람이 그렸다나
구름이 그렸다나

그들은 말이 없는데
난 자꾸만 누군가를
응원한다.

선풍기

전재형

지칠 법도 한데
뒤통수는 뜨겁다

내가 흘리는 눈물이
그에게는 냉기가 되어
부딪힌다

반항하지도 않는다
불평하지도 않는다
그를 위해서라면

이 몸 태워
그의 꿈길 안녕하시게.

장독대

전재형

사시사철 모자를
뒤집어쓰고

가족인 듯하지만
서열을 알 수 없네

분명한 건 할머님 손길에
요술 단지가 된다

어제는 홍시가
오늘은 곶감이

누군가에겐 비밀 창고
딱 한 고뿌만
할머님께 애원하시던

지금은 뿌연 먼지 모자
거미도 떠난 거미줄엔
낙엽 하나 그네를 탄다.

천미경

전) 건국동소식지 편집장
마을 유튜버 활동가
북구 합창단원
《현대문예》시 부문 등단

밑줄 긋기

천미경

책 읽다가
마음 일렁이게 하고
공감이 가는 부분에
밑줄 긋는다

밑줄 긋는 부분은
친구가 되고
좋아하게 된다

사람들도 그러지 않을까
밑줄이 그어진 부분을
다시 탐닉하듯
한 번 더 만나고
한 번 더 같이 밥 먹고
한 번 더 기억하지 않을까

가끔은 지나온 기억을
지우고 싶을 때도 있는 것처럼
밑줄 친 부분을 지우고 싶을 때도 있고

첫사랑의 좋은 기억처럼
위안 주고 공감 되어 주는 부분을
지울 수 없을 때도 있다.

연둣빛 사랑으로 만나자

천미경

알록달록 단풍 든다고
환호성 터뜨리던 때
엊그제 같은데

가지 끝에 달랑거리던 갈잎 하나
불어온 찬바람에 버티지 못하고
툭 하고 떨어진다

사그락사그락 굴러가는 낙엽
어느 누구의 발길에 채일 것인지
어느 누구의 발걸음에 밟힐 것인지

낙엽아
서러워 마라
내년 봄이 오면
연둣빛 사랑으로 다시 만나자.

중년 되어 보니

천미경

찬란한 젊음을
구름처럼 흘려보내고
중년이란 계급장 달고 보니
욕망이 자꾸 꿈틀거린다
어디론가 자꾸 떠나고 싶어진다

정해진 방향은 없지만
그렇다고 오라고 손짓하는 곳도 없지만
어디든 자유로이 갈 수 있어 좋다
큰 꿈 꾸다 실패한 젊음도 있었지만
부담 없는 중년이 더 좋다

실수는 실패가 아니고
실수는 경험으로 승화시킬 수 있는
나이가 되다 보니
책임질 수 있는 중년이 나는 좋다.

흔적

천미경

순간에 피었다
아쉽게 사위어지는 꽃같이
너와의 좋았던 시간들
벚꽃 떨어져 휘날리듯 날아가고
진한 여운만
서글픈 추억으로 남아 있는 어느 날

습관처럼
너를 그려보며
추억 속으로 걸어가던 중
그때의 시간에 멈춘 듯
너와의 남겨진 것들이 떠올라
나를 자꾸 미소 짓게 한다.

블로그 속 글들

천미경

누군가 나의 블로그 속
글을 훔쳐 본다면
벽장 속에 숨겨둔 꿀물 같은 글들
얼마나 놀래고 불안했을까

나에겐
슬프고 외로울 때
위로가 되고 위안 되는 글들
비공개로 꽁꽁 숨겨두고

마음 달래고플 때
징징거릴 곳이 필요할 때
나는 블로그에서 글과 논다
물론 내 글들은
사람들과 놀기를 바라겠지만

블로그의 글들은
귀찮은 내색 없이 침묵하며
조용히 내 이야길 들어 주고
마음을 위로해 준다.

김용집

광주광역시의회 제17대 의장
더불어민주당 정책위 부의장
현)광주시민사회단체총연합 공동대표
현)광주미래포럼 상임대표
현)전남대학교 총동창회 부회장

백세 시대, 경로당을 노치원으로

김용집

지난 해 '백세 인생'이란 대중가요가 큰 히트를 했다.

'60세에 저세상에서 날 데리러 오거든 아직은 젊어서 못 간다고 전해라', '70세에 저세상에서 날 데리러 오거든 할 일이 아직 남아 못 간다고 전해라'

재밌는 가사와 반복적인 후렴구로 국민들을 흥겹게 했던 노래다. 이처럼 '백세 인생'이라는 말이 현실이 된 지 오래다.

행정자치부에서 발표한 주민등록인구 통계에 따르면 만 0세에서 14세까지 어린이들이 전체 인구에서 차지하는 비중은 2008년 17.2%에서 올해 2월 말 기준 13.3%까지 줄었다. 반면 만 65세 이상 노인 인구의 비율은 2008년 10.2%에서 13.7%로 증가했다.

UN은 한 나라의 만 65세 이상 인구가 전체 인구의 7%를 넘으면 고령화사회, 14%를 넘으면 고령사회, 20%를 넘으면 초고령사회로 분류한다. 우리나라는 2000년 고령화사회에 진입했고 올해 상반기에 고령 인구 비율이 14%를 넘어 고령사회에 진입할 예정이다. 고령화사회에서 고령사회가 되는데 불과 17년 걸렸다. 일본 24년, 미국 73년, 프랑스 115년이 걸린 데 비해 매우 단기간에 급속하게 고령화가 진행되고 있다.

이러한 노인 인구 증가는 광주시도 예외가 아니다. 2008년 광주시 인구 142만명 중 65세 이상 노인 인구가

11만 8천여 명으로 8.3%였으나 2016년 말 기준 노인 인구는 17만 2천여 명으로 11.75%로 늘었다.

이에 발맞춰 광주시는 전국 최고 노인복지시설이라는 빛고을 노인건강타운과 효령노인복지타운 그리고 자치구에 9개 노인복지관을 운영 중이다.

지난해 하루 평균 빛고을노인건강타운 3,000여 명, 효령노인복지타운 1,000여 명 그리고 9개 노인 복지관에서 약6,000여 명 등 매일 1만 명의 노인들이 시설을 이용하고 있다. 이러한 노인타운과 복지관은 다양한 프로그램을 저렴한 비용으로 이용할 수 있는 이점이 있어 접근성이 많이 떨어지는데도 경제적으로 여유가 있거나 상대적으로 몸이 건강한 노인들이 주로 찾고 있다. 만족도도 높다고 한다.

반면 고령이거나 경제적 여유가 없는 노인들은 이러한 복지 서비스를 누리지 못하고 동네 경로당이나 집에서 여가를 보낸다. 노인들의 연령과 신체적·경제적 상황에 따라 노인복지서비스에 불평등이 발생하고 있는 현실이다. 또 광주시에는 1,304개소의 경로당에 46,740명이 회원으로 등록되어 있고 매년 운영비와 냉·난방비로 35억여 원의 예산이 지원되고 있지만 현재 경로당의 기능은 단순히 어르신들이 모여 소일거리를 하며 시간을 보내는데 그치고 있어 폐쇄성 탈피와 기능 전환을 심각하게 고민해야 한다는 지적이 많다.

이에 필자는 경로당의 새로운 변신을 위한 대안으로 능동적인 노인교육서비스를 통해 어르신들의 일자리 창출과 사회적인 자존감을 회복시켜 줄 노치원(노인유치원)을 제안한다.

많은 사람들이 노치원의 개념을 생소해 하는데 한마디로 노인이 된 후에 삶에 필요한 지식을 배우는 과정이라고 생각한다면 쉽게 이해할 수 있을 것이다. 이러한 노치원이 활성화된다면 현재 제기되는 노인복지의 상대적 박탈감을 해소하고 정신적 안정감을 높여 지역사회의 중요한 구성원이라는 자존감을 가지고 살아갈 수 있는 능력을 키워주는 데 큰 도움이 될 것으로 기대한다.

또 현재 노인들의 3대 고민거리인 고독, 건강, 빈곤 문제 해결과 노인들 간에 존재하는 세대 간 단절 및 노인 상담 등의 애로사항을 해결하고 다양한 교육 프로그램을 통해 새로운 지식을 습득하여 삶에 대한 만족도를 높여간다면 행복한 노년을 보내는 데도 큰 도움이 될 것이다.

특히 노치원에서 교육을 받은 어르신들의 사회 참여를 확대할 수 있도록 노인 지도자 양성과정을 만들어 일정 기간 교육을 실시하고 일정 학점을 이수한 사람에게 수료증을 발부해 노인지도자로서 노치원 및 기타 교육기관에서 일할 수 있도록 선순환체제를 만든다면 상당수의 신규

노인 일자리 창출을 기대할 수 있을 것이다.

이제는 노인들을 복지의 대상이 아닌 당당한 우리 사회의 주체로 자리매김 해야 한다. 노인들의 자립 역량을 키워야 하고 사회적 약자가 아니라 아직 일할 수 있고 사회에 공헌할 수 있는 능동적인 주체로 인정하는 분위기 조성이 노인복지의 출발점이 되길 바란다.

이러한 밑바탕 속에서 광주시의 적극적이고 선제적인 노인복지 행정을 기대한다.

광주시민복지기준 문제는 실천이다

김용집

아프리카 부족에 대해서 연구하는 인류학자가 어느 마을에서 아이들을 모아 놓고 게임을 하도록 제안했다. 아프리카에서 보기 드문 싱싱하고 달콤한 딸기를 한 바구니 가득 담아서 나무 옆에 갖다 놓고 "누구든지 바구니까지 먼저 달려간 아이에게 딸기를 모두 다 주겠다"고 말했다. 그런데 아이들은 미리 약속이나 한 것처럼 서로 손을 잡고 함께 달리기 시작했다. 아이들이 딸기 바구니에 달려가서 모두 함께 둘러앉아 입안 가득히 서로 딸기를 먹고, 키득거리고 재미나게 기쁨을 나누며 행복해했다. 인류학자는 아이들에게 "딸기 바구니에 1등으로 달려간 사람에게 모든 과일을 다 주려고 했는데 왜 손을 잡고 함께 달려갔니?" 라고 물었다. 아이들이 큰소리로 우분트(UBUNTU)라고 한목소리로 대답했다. 그리고 한 아이가 "내가 1등을 해 모두 다 가져가면 나머지 다른 아이들이 슬퍼하는데 어떻게 나만 기분이 좋을 수가 있는 거죠?"라고 말했다고 한다.

"우분트(UBUNTU)"는 아프리카 반투부족의 말인데 "우리가 함께 있기에 내가 있다"라는 뜻이라고 한다.

중앙정부 주도의 획일적 복지정책에서 탈피해 지역의 복지 수요에 탄력적으로 대응하고 지역 특성에 맞는 복지정책을 구현하려는 시도가 참여정부 이후 꾸준히 계속되어 왔다. 그 일환으로 요즈음 각 지자체에서 그 지역의 주민이 누릴 수 있는 복지의 기본 수준을 자체적으로 정해 지역의 욕구에 맞고, 지역의 개별적인 상황을 고려한 생활 수준으로 구체화하는 작업이 본격화되고 있다. 2012년 서울을 시작으로 지난해 말 부산이 복지 기준을 마련했고 올 초 광주시도 시민복지 기준을 마련해 발표했다.

광주 시민 삶의 모양새에 꼭 맞는 복지형태를 찾는 작업은 2014년부터 시작되었고 1년여 간에 걸쳐 시민, 전문가, 관련 공무원 등이 수차례의 논의 과정을 걸쳐 2016년 1월 15일 광주 시민 한 사람도 포기하지 않는 복지정책 구현을 목표로 5대 분야 9개 영역의 「광주시민복지기준」을 발표하게 되었다.

「광주시민복지기준」의 핵심 내용은 소득 분야에서 광주 시민 소득이 광역시 중위소득 50% 이상 달성, 주거 분야에서 「주택법」상 최저 주거 기준 미달 가구 비율 4% 미만 달성, 돌봄분야에서 돌봄이 필요한 시민에게 편리하고 적절한 돌봄을 받을 수 있도록 돌봄 접근성 및 돌봄 형평성 보장, 건강 분야에서 건강 수명을 「Health Plan 2020」의 목표치 이상 달성, 교육 분야에서 모든 시민이 초·중학 교육을 무상·의무로 받고 평생 학습할 권리 보장"이다. 비록 일부 아쉬움도 있지만 이 정도면 합격점이라고 생각한다.

그리고 이제 남은 문제는 실천이다. 얼마 전까지만 하

더라도 선거 때만 되면 빠지지 않았던 공약이 보편적 복지 실현이었고 이번 4.13총선에서도 예외는 아닐 것이다. 그런데 어찌 되었는가? 작년부터 누리과정 예산편성권을 놓고 중앙정부와 지방정부가 첨예하게 대립하고 있고, 경상남도는 공공병원이 적자를 낸다는 핑계로 문을 닫아 버렸다. 보편적 사회복지가 선거철 단골 공약이나 선언에 그치고 있다.

이제는 그 약속을 어떻게 지켜낼 것인지 실천 의지 확인이 더 중요한 시점이다. 기준 설정과 함께 실천을 담보해 낼 수 있는 행정책임자의 정책적 뒷받침이 절실히 요구된다.

복지사업은 기초연금, 공공보육 확대 및 인상에서 보듯이 그 특성상 시작하면 축소하거나 되돌리기 어렵다. 또 복지 수요의 증가로 매년 기존사업에 더불어 새로운 사업이 만들어지면서 그에 따른 예산도 급격하게 증가한다.

따라서 사회복지인력 역량 강화와 사회적 관심에 대한 공동대처 등을 통해 상생의 복지를 추구하면서 유사 중복 사업에 대한 지속적인 개선 작업과 함께 소외된 복지 분야에 대한 발굴 노력에 적극 나서야 한다.

그동안 공직사회에서 사회복지 관련 부서는 대표적 기피 부서로 인식되어 공무원이 근무를 꺼리고, 발령된 후에는 빠른 시일 내에 타 부서로 옮기고자 노력해 왔던 것이 숨길 수 없는 우리 공직사회의 현실이다. 이로 인해 복지행정의 전문성과 연속성이 떨어져 사회복지 종사자 및 수혜자들로부터 행정에 대한 불만과 불신으로 이어져 왔다. 복지부서 공무원이 자부심을 가지고 소신껏 역량을 발휘할 수 있는 여건 조성이 필요하다.

우분트(UBUNTU) 정신으로 광주 시민 모두가 함께 복지공동체를 실천해 나갈 때 더불어 사는 광주, 더불어 행복한 시민이 될 것이다.